Wortes List

Impressum

Bibliografische Information der Deutschen Nationalbibliothek: Die Deutsche Nationalbibliothek verzeichnet diese Publikation in der Deutschen Nationalbibliografie; detaillierte bibliografische Daten sind im Internet über http://dnb.dnb.de abrufbar.

Herstellung und Verlag

BoD – Books on Demand, Norderstedt

ISBN: 9 783752 880809

Antwort

Auf die Antwort Deiner Frage musst Du warten,
gut und richtig soll sie sein, von allen Arten.
Sie kommt nicht schnell, es dauert lange;
du wunderst Dich, Dir wird schon bange.

Ich denk an all die möglichen Aspekte,
mein geistig Potential ich nun erweckte.
Evaluiert, bedacht die Möglichkeiten,
im Neuronennetz, dem weiten.

Die Antwort folgt nach gründlicher Durchsuchung,
eine schnelle Antwort wäre nur Versuchung.

Alle Möglichkeiten, die in diesem Netz,
die zieh' ich in Erwägung jetzt.
D'rum brauche ich für alles immer lange,
ich denke gründlich nach, in jedem Falle.

Bei Andern

„Umgeben oft von Andern,
ist Dein Gedanke stets beim Andern.
Doch,wenn mein Gedicht Du liest,
mit Gedanken bei mir bist.“

California Dreaming

California, Ice Cream und Bill Gates,
bin mit einem Hippie unterwegs.
Sie fragt mich, was ich von der Liebe denk,
ja, ist schön! sag ich ganz ungelenk.

Sie muss zum Strand hinunter nun
und ob ich das Gleiche würde tun.
Nein! Sag ich, ich müsse zu der Bank,
mein Chef erwartet mich, sag ich ganz frank.

Sie sah mich an, bedauert mich,

von der Seite trotzdem nicht sie wich.

Sie lächelt mit dem Joint in ihrer Hand,

trotz allem, nett sie mich doch fand.

Sie ging nach links, ich ging nach rechts,

mein Kopf brummt mir am Abend. Ächtz!

Noch nach Wochen tut mein Herz mir weh,

denk nicht, dass ich sie wieder seh!

Damals

Damals schlief ich noch am Strand,

als die Gefahr ich nicht gekannt.

Damals schwamm ich durch die Seen,

als ich die Ungeheuer nicht gesehen.

Damals schritt ich durch die Wüste,

als ob ich es nicht besser wüsste.

Damals glitt ich vom Berg herab,
weil ich niemals sah mein Grab.

Damals, als ich noch nichts wusste,
keine Angst ich haben musste.

Heute nun, mit all dem Wissen,
rück ich es zurecht, mein Sofakissen.

Dein Problem

Jeder stirbt für sich allein,
jeder irgendwann erleidet Pein.
Wenn Probleme lösen man gewohnt,
man mit Sicherheit belohnt.
Kann man lösen sie allein,
kann man froh darüber sein.
Unabhängigkeit im Denken,
ist eins von den Geschenken

und vertrauen kannst Du mir,
dass auch Dein Problem ich löse Dir.

Der Beste

In der Schule war es wie verhext,
denn in Mathe hatte ich 'ne 6.
Es misslang mir diese auszugleichen;
gestellt sie sind, die Weichen.
Dennoch wollt' ich mir beweisen,
dass ich schmieden kann das Eisen.
Suchte stramm den Weg nach oben,
damit die anderen mich loben.
Jedoch, was immer ich getan,
ich hatte jede Chance vertan.
Nichts gab es, was mich erheitert,
grandios ich war gescheitert.

Was mir vom Leben blieb,
ist mir dennoch lieb,
denn meine Lieben glauben feste,

dass ich bin der Beste!

Der Liebe Mörder

Angehörig bin ich dem Patient,
dessen Schicksal unter meinen Nägeln brennt.
Viel mehr leide ich, als der Patient,
der nur seinen eignen Körper kennt.
Bei mir, als Mensch mit Empathie,
endet eignes Leiden nie.

Schlimmer als des Körpers Hiebe,
ist ein Angriff auf die Liebe.

Für den Patient ist irgendwann der Tod das Ende,
wann jedoch nimmt die Erinnerung ein Ende?
Der Tod trifft mich viel härter,
denn er ist der Liebe Mörder!

Die Berechnung

Raketen schlugen ein in meinem Hofe,
hier sie war, die Katastrophe!
Wir hatten alles auf dem Abwehrschirm,
hatten mehr als andere im Hirn.

Hochgerüstet bis zu unsern Zähnen,
konnten wir in Sicherheit uns wähnen.
Irgendwas war falsch an der Berechnung
und müssen zahlen nun die Rechnung.

Verseucht, vor allem atomar,
stellt sich diese Welt nun dar.

Wir hatten mehr gehabt im Hirn
und einen Abwehrschirm!
Wir alle zahlen nun die Rechnung,
was war nur falsch an der Berechnung?

Die Stimme

Mit der Stimme kann ich sprechen;
kann die Ruhe unterbrechen.
Mit ihr vertret ich meine Meinung,
geb' Kommentare in der Zeitung.
Mit ihr sing ich Lieder,
sag Dinge immer wieder.
Mit ihr kann ich loben oder schelten,
besser, schreien selten.
Ich kann die Stimme auch erheben,
will ich mal lauter reden.
Kann mit ihr poltern mit Getöse,
damit mein Frust sich löse.
Schlecht lässt sich Ärger in ihr unterdrücken,
hört klar heraus Verzücken.
Verwenden lässt sie sich für viele Dinge;
Vieles kommt mir dazu in die Sinne.

Das Beste, was man könnte damit machen:
man gäbe sie den Unterdrückten und den Schwachen!

Ein sachter Wind

Ein sachter Wind, der streicht vorbei,
bewirkt bei mir so allerlei.
Ist er kühl, denk ich an Eis,
ist er warm, vielleicht an heiß.

Ein sachter Wind, der regt mich an.
Ein wilder Sturm, der legt mich lahm!

Eingemauert

Unterdrückt mein Recht,
fühle ich mich schlecht.

Was ich nun selbst bedauert:
dass ich mich eingemauert!

Sehne nun herbei Befreiung,
indem Du bittest um Verzeihung.

Bleibe Dir solang verschlossen,
bis Du Dich dazu entschlossen
und erst wenn Du dazu bereit,
hast Du mein Herz befreit.

Falscher Draht

Schwierig ist's mit ihm zu reden,
haben nicht den gleichen Draht,
reden übers Wetter eben,
ich nur meine Zeit vertat.

Die Suche nach 'nem Thema
gestaltet sich sehr schwierig,
ich frage, ob er Tee mag,
nein, nach Kaffee ist er gierig.

Ich erzähl vom Kino gestern Abend,
von einem Bösewicht,
er schaut mich an ganz fragend,

nein, das intressiert ihn nicht.

Ich bleibe stumm,

ganz seiner Art;

es ist zu dumm,

der falsche Draht!

Freude

Freude groß und Freude klein,

immer sollst Du bei mir sein.

Hab Dich lange nicht geseh'n,

werd im Schnaps mal nach Dir seh'n.

Hab gefunden, wo Du Dich versteckt,

drum trinke ich jetzt ein Gläschen Sekt.

Ab und zu stellst Du Dich ein,

bei einem Gläschen Wein.

Und wenn mir ist zum scherzen,
bist Du in meinem Herzen.

Geliehen

Blickst Du durch den Tod in diese Welt,
anders diese Dir gefällt.
Es sind die Kleinigkeiten, die alltäglich,
die Dein Leben machen Dir erträglich.

Werte sich im Nu verändern,
lassen manches Traumschiff kentern.
Das nackte Leben wird so wichtig,
dass auch kleine Dinge wirken richtig.

Blickst Du durch den Tod in diese Welt,
auch das Alltägliche gefällt

und Du erkennst auf Deinen Knien,

dass Dein Besitz ist nur geliehen.

Gemüt

Was heute bringt Dich fast zu Tode,

erhält schon morgen eine and're Note.

Form- und wandelbar ist das Gemüt,

um Ausgleich stets ist es bemüht.

Ob wir in Streit oder in Frieden leben,

hilft das Gemüt zum Überleben.

Das Gemüt ist weich und ganz elastisch,

kurz gesagt: es ist phantastisch!

Was es tut als letzte Konsequenz:

es stärkt die Resilienz.

Ist uns eine Anpassung gelungen,

war es das Gemüt, das hat den Sieg errungen.

Gelingt die Anpassung uns nicht,

dann tut die Evolution nur ihre Pflicht.

D'rum sage nie: „Das könnt ich nicht!"

Denk an die Natur und ihre Sicht!

Gerechtigkeit es sei!

Schießt man mit Kugeln Menschen nieder,
findet im Gefängnis man sich wieder.
Will man nur den Ruf ermorden
kämpfe man mit Worten!

Mancher schießt mit Worten um sich her,
kämpft wie ein ganzes Heer.
Ich gebe nicht klein bei,
denn Gerechtigkeit es sei!

Gestalten

Wie kann ich die Welt verbessern?
Ohne meine Träume zu verwässern?
Menschen ändern, die sind alt?
Dann, wenn ihre Herzen kalt?

Die klammern sich an ihre Macht
und Menschen vielleicht umgebracht?

Eine Frau, die auch so denkt wie ich,
kann mir dabei helfen, an für sich.
Die Kinder, die sie dann geboren,
wären dafür auserkoren.
Denn die Welt die sie erleben,
können wir gestalten eben.

Haben will ich

Haben will ich alles, was ich krieg,
meine Gier nach Allem, die erringt den Sieg.
Will kaufen Ware, die dann mein,
denn ich will nicht einsam sein!
Meine Liebe will ich ihnen geben,
denn sie begleiten mich im Leben.

Dabei möcht ich nur an sich,
dass die Menschen lieben mich!
Doch mit allen bin ich nur in Streit,
was bestimmt nur liegt am Neid.
Ich liebe alle meine Sachen,
was soll ich sonst mit meiner Liebe machen?
Könntest Du die Liebe nur entfachen,
würde ich verschenken alle Sachen!

Hindernisse

Wege wandern Richtung Ziel,
allen stets gefiel.
Lagen Hindernisse ihm zuvor,
andre Wege man erkor.
Hindernisse überwinden
heißt oft sich schinden.

Je nach Ziel, das man gewählt,
man auf dem Weg sich quält.
Richtig Ziele setzen ist die Kunst -

nicht bei allen, diese Gunst.

Nicht das Ziel, das ist so wichtig,
nein – der Weg, der richtig!
Gemäß dem Spruch, der mir gefiel:
„Es ist der Weg, der ist das Ziel!"

In Gedanken

Bei meiner Frau, die die Liebe mir einst schwor,
regt sich nun der Widerstand empor.
Eifersüchtig ist sie in Gedanken,
auf Ideen, die in meinem Kopfe ranken.
Kennt ihren Sinn nicht und den Zweck
und wünscht sich, dass sie wären weg.
Statt mich mit ihr zu unterhalten,
tu ich eigene Gedanken unterhalten.
Da sie nur für mich bestimmt,
es ihnen drum die Sprache nimmt.
Meine Frau schaut mich ganz eifersüchtig an,
kennt die Gedanken nicht, die grade stehen an.

D'rum sag ich schnell und mit Bedacht,
dass der Nachbar oben Krach gemacht.
Meine Frau ist nun zufrieden
und ich kann weiterdenken, ganz in Frieden.

In meinem Acker

In meinem Acker gräbst Du nach der Frucht,
nach der Du hungrig hast gesucht.

Lass uns gemeinsam sie verspeisen,
in meinem Acker viele reifen!

Wie schön wär es auf dieser Erde,
wenn das Land den Hungrigen gehörte.

In meiner Brust

Wie es mir geht, hast Du gefragt.
„Es geht mir gut", hab ich gesagt.

Ich leide nicht an Hunger,
wegen Essens keinen Kummer.

Und was auch gut aus meiner Sicht:
Ich friere nicht!

Bin nachts geschützt vor Regen,
oh, welch Segen.

Und solang mir dies bewusst,
wohnt Glück in meiner Brust!

Inhalt

Wie hohl Gerede manchmal ist,
tu ich sehr bedauern.
Gebe Leuten eine Frist,
tu innerlich dann mauern.

Tief gehen Gedanken nicht,
ihr Gerede int'ressiert mich nicht!

Man rede zu mir nur mit Tiefe
und dass es von Inhalt nur so triefe!

Kaviar und Hummer

Die Seele ist wie eine Speisekammer,
Quell von Genuss oder Gejammer.

Aufgefüllt mit Dingen, die gesund,
gebe ich von ihrem Inhalt kund.
Und je nachdem, wie die Gelüste,
ich Süßes oder Saures mir zu holen wüsste.

Kraft spendet sie mir immerzu,
drum wend' ich mich ihr gerne zu.

Meine Gäste sich auch erst bedienen,
wenn meine Freundschaft sie verdienen.

Den Kaviar ganz gut versteckt,
weil teuer und ganz gut er schmeckt.
Kartoffeln, Nudeln sind für jedermann,
der meine Freundschaft nicht gewann.

Doch manches Mal es kommt auch vor,
dass für Fremde hol ich Kaviar hervor,
wenn in ihren Augen ich seh' Hunger,
nach Kaviar und Hummer.

König ohne Reich

Ich bin ein König ohne Reich,
bin arm geworden - nicht mehr reich.
Soldaten musst ich ziehen lassen,
denn leer geworden meine Kassen.
Die Krone hat ein Diener mir gestohlen,
denn ich konnte ihn nicht mehr entlohnen.

Leb nun mitten unterm Volk,
ja, so hab' ich das gewollt.

Ich bin ein König ohne Reich,
denn mein Herz, es war zu weich!

Könntest Du...

Könntest Du mit meinen Augen sehen,
könntest meine Wege gehen,
könntest hören, was man sagt,
Fragen stellen, die ich gefragt.

Könntest wissen, was ich weiß,
Wissen haben, wie ein Greis.
Könntest alles das empfinden,
was Du kannst in meiner Seele finden.

Du könntest Wege mit mir gehen,
dann würdest Du verstehen!

Lampenschein

Die Lampe dort an dieser Decke,
hab' ich gebraucht zu manchem Zwecke.
Wurd'es abends immer dunker mehr,
kam das Licht von dieser Lampe her.

Hell genug war sie mitnichten,
konnte trotzdem nicht auf sie verzichten.
Der Schalter war am Eingang, gleich daneben,
schnell war er gedrückt mal eben.

Nie hab ich gedacht an diese Lampe,
Hauptsache das Licht es brannte.
Sie hat erhellt das Dunkel mir,
im Winter schon ab vier.

Erst dann ich ihren Wert erkannte,
als sie plötzlich nicht mehr brannte.
Ich lernte diese Lampe jetzt zu schätzen,
sie gehört zu meinen größten Schätzen.

Sah meine Frau in einem andern Licht,
denn im Dunkel sah ich ihre Falten nicht.

Die Lampe war mit ihrer Birne durchgebrannt,
wie ich mit meiner Frau, als neu ich sie gekannt.

Ich seh die Lampe nun mit andern Augen,
hab' erkannt, nicht nur perfekte Dinge taugen.

Leise Stimme

Zart die Stimme und ganz leise,
redet sie auf ihre Weise.
Ich höre sie nur wenn ich will
und wenn's um mich herum ist still.

Man hört sie nicht auf Straßenfesten,
auch auf Partys gibt sie nichts zum Besten.
Erst wenn ich gekommen bin zur Ruh'
kommt sie auf mich zu.

Es ist die Stimme ohne Schall,
in keinem Raum erklingt ihr Hall.

Will von ihr hören, will von ihr wissen,
ich meine das Gewissen!

Massen

Jeder Mensch ist ganz verschieden,
nicht alles jedem gleich beschieden.
Doch viele haben viel gemeinsam,
sind deshalb selten einsam.
Treffen sich beim Fest in engen Gassen,
fühlen sich wohl in Massen.
Denken, streben alle nach dem Gleichen,
für viele gleich gestellt die Weichen.
Sie unterliegen jeder Mode,
gleichgeschaltet bis zum Tode.
Wohlgemerkt, das sind die Massen,

zugehörig alle Klassen.

Ein Mensch, der von besond'rem Wert,
in die Massen nicht gehört!

Meine Welt

Du hörst die Klänge, die von außen,
siehst die Bilder, die da draußen,
erlebst die Welt ganz ungefiltert,
bist spontan, ganz ungehindert.

Suchst immerzu nach neuen Reizen,
und nach Abwechslung am meisten.
Bist ganz nach Außen ausgerichtet,
Deinem Innern nicht so sehr verpflichtet.

Ich wünsche Dir gar viele Feuerwerke
und dass Dich Erlebtes stärke!

Willst Du jedoch in meine Welt,
sei Dein Blick nach Innen umgestellt.

Musik

Weit ist die Musik mir überlegen,
denn bei Gedichten muss man überlegen.

Sie schmeichelt nicht nur meinem Ohr,
nein, tief in meine Seele dringt sie vor.

Sie macht mich glücklich und beschwingt,
ist einfach überlegen, unbedingt.

Sie regt mich an, um nachzudenken,
um mich dann den Worten zuzuwenden.

Sie ist ein Mittel mir zum Zweck,
fegt trüben Stunden einfach weg.

Zu recht wir Sänger hoch belohnen,

mit schönen Worten und Millionen.

Nach meinen Worten

Bin ein Dichter nun mit ganzem Herzen,
ich schreib bei Tag und nachts bei Kerzen.

Sehe alles in 'nem andern Licht
und gebe Kund von meiner Sicht.

Anders sind die Dinge, die ich sehe,
anders Dinge ich verstehe.

Anders lautet oft mein Urteil,
denn anders Dinge ich beurteil.

Denken bin ich ja gewohnt,
mit Dichtung ich belohnt.

Nach Harmonie ich immer trachte,

auf meine Worte ich drum achte.

Nach meinen Worten solltet Ihr mich messen,

darf nie beim Schreiben dies vergessen!

Nicht vergebens

Die Geschichte meines Lebens,

sei nicht erzählt vergebens.

Von Siegen sie oft handelt,

die sich in Niederlagen doch verwandelt.

Von Liebe und von Tod

und von Gesundheit, die litt Not.

Erzähle Dir von Freude und von Pein,

von der Fremde und daheim.

Ich erzähle Dir, dass Du verstehst,

wenn Du Dich umdrehst und dann gehst.

Dass Du die Hand mir feste drückst

und obwohl Du gehst, mir näher rückst.

Der Abschied ist in Kilometer nur bemessen,

und für einen Augenblick hab ich Dich ganz besessen!

Nie gelacht

Nie hast Du mit mir gelacht,
ernste Mine oft gemacht.
Deine Stirne sich in Falten legte,
wenn Deine Stimme sich belegte.
Voll Sorgen hast Du oft geredet,
wenn mit anderen Du Dich befehdet.
Immer wenn Du warst verzagt,
hast Du nach mir gefragt.
Nie hast Du mit mir gelacht,
doch Pläne gern mit mir gemacht.
Nie hast Du getanzt mit mir
bei Sekt und Wein und Bier.
Doch einen Antrag hast Du mir gemacht
zu einer Hochzeit und gelacht.

Ohne Dich

Wie köstlich doch das Mahl;
gut getroffen meine Wahl!
Gut vernehm ich auch die Klänge hier,
die dort man spielt auf dem Klavier.

Der Vorhang auf der Bühne fiel,
Müdigkeit mich überfiel.
Golden meine Uhr mir zeigt,
dass der Abend sich zuende neigt.

Das Licht, es glänzt im Bettgestell,
bis am Morgen es wird hell.

Doch am Abend, der zuvor,
vor Einsamkeit ich fror.
Er war so schlimm für mich,
der erste Abend ohne Dich!

Panzer

Einen Panzer trag ich vor mir her,

dessen Last wiegt gar so schwer.

Unbedingt, so war die Schätzung,
würde er mich schützen vor Verletzung.

Dick und hart, aus blankem Stahl,
er jedoch die Sicht mir stahl.

Eine Wespe klein, gelangte in die Rüstung,
ein Stich, ein Schmerz, groß war die Entrüstung!

Eilig legte ich die Rüstung ab,
ohne die es endlich Hilfe gab.

Ich trage nie mehr einen Panzer vor mir her,
denn mit ihm hat es die Hilfe schwer.

Projektion

Wenn meine Liebe geb' ich einer Frau,

auf ihre Güte ich auch schau.

Ich könnt' mich in ihr irren,
denn Liebe tut verwirren.

Woher denn weiß ich schon,
ob nicht nur alles Projektion?

Regeln

Die Regeln, die gemacht,
sind nicht von mir erdacht.

Denen sollen sie vor allem nützen,
die sich vor andern müssen schützen.

Manche Regel ist ein Zeichen,
dass der Anstand ist im Weichen.

Wir kommen ohne Regeln nicht mehr aus,
das gilt auch für die Treppe hier im Haus.

Regen

In der Vergangenheit hab' ich entdeckt,
wie Gegenwart in Zukunft sich erstreckt.

Meine Zeit, sie fließt dem Meere zu,
wo ich finden werde meine Ruh'.

Vermengt mit all den Seelen,
nicht mehr Jahre zählen.

Das Sonnenlicht zieht uns empor,
so uns der Liebe Gott erkor.

Mit dem Regen komm ich nieder,
um erneut zu leben wieder.

Rennen

So weit die Welt für die ich dichte,
erzähl von Zukunft und Geschichte.

Ich schreib von dem, was so geschieht
und auch von dem, was man nicht sieht.

Ich nehme mir ganz frei heraus,
über die Welt zu schreiben, von zuhaus.

Zu meinem Stift ich immer renne,
wenn Neues ich erkenne.

Komm aus dem Rennen nicht heraus,
hier in meinem Haus.

Sachverhalt

Ein Sachverhalt, das ist ein Fakt,

doch was, wenn man in Worte es dann packt?

Für eine Sache gibt es oft viel Wörter;

an einem Beispiel ich es hier erörter:

Für die Spitze eines Staates, nur zum Beispiel,

kann man Begriffe nehmen gleich viel:

Herrscher, Regime oder Despot,

verwendet man, wenn Unheil droht.

Regierungschef, Amtsinhaber oder Präsident,

wenn man Freundliches von ihnen nennt.

Aufgepasst sei vor den Journalisten,

die Menschen mit den Worten überlisten.

Das obige sei nur ein Beispiel,

bei andern Dingen gibt es gleich viel.

Bei Worten, die man wählt für eine Sache,

pass ich auf und wache!

Schau mich an

Schau mir nicht ins Aug' direkt,
hab' vor meiner Seele doch Respekt.

Will schützen mich vor Blicken Deiner Art,

will bleiben ganz für mich, privat.

Meine Seele, sie gehört nur mir allein,

in ihr wohnen Freude, Kummer, Pein.

Ungeschützt ich fühle mich,

schau mich nicht an, ich bitte Dich.

Würdest sehen bis zum Grund,

Deine Blicke wären schuld.

Doch wenn ich wieder lächeln kann,

dann bitte, bitte, schau mich an!

Schlafes Zweck

Der Schlaf erfüllt zur Not,

was mir verspricht der Tod:

Fern zu sein von Übel und von Pein,

läd zur Erholung er mich ein.

Die Seele schöpft in diesen Stunden,

Kraft, die sie im Schlaf gefunden.

Gern leg ich mich daher nieder,
denn ich weiß, dass ich erwache wieder,
um vielleicht danach zu finden,
das Glück, um mich daran zu binden.

Schweig solang!

Ich möchte nicht, dass Du jetzt sprichst,
möchte nicht, dass Du das Schweigen brichst.
Es dauert einige Sekunden,
bis die Worte ich gefunden.
Sprich jetzt bitte nicht zuvor,
schenk mir einfach nur Dein Ohr.

Hab gefunden nun den Faden wieder,
werd es später schreiben nieder.
Folge dem Gedanken, den ich hab,
denk darüber nach, was ich Dir sag.

Denkst Du nach dann lang,

schweige ich solang.
Denk solang Du magst,
ich höre zu, was Du dann sagst.

Sprachrohr

Manch einer nimmt ein Sprachrohr mit
und hat es immer in Begleitung,
denn will er teilen etwas mit,
hört man laut die Meinung.

Charakterlos ist dieses Instrument,
es verkündet jede Meinung,
es weder Trug noch Wahrheit kennt,
es ist wie eine Zeitung!

Missbraucht von jedem Sprecher,
der sich vor Massen aufgebaut,
klingt weit über die Dächer,
denn die Stimme wird so laut.

Gewaltig ist der Druck des Schalles,
der erreicht mein Ohr,
deutlich hört man alles,
regt Widerstand in mir empor!

Dank des Schalles Druck,
denk ich erst recht,
werd' wach in einem Ruck,
überleg, ob er hat recht.

Menschen jubeln in den Gassen,
ich stehe hier ganz stumm,
begeistert sind die Massen,
wie sind sie manchmal dumm!

Symbiose

In Symbiose lebt mein Geist
mit meinem Körper eng zusammen,
was nicht zuletzt dann heißt:
wir beide sind gefangen.

Beide darauf angewiesen,

dass keiner leide Not,

kann ich mein Leben dann genießen,

bis zu meinem Tod.

Die Entscheidung fällt oft schwer,

ob sei mehr gedacht,

sollen Brot oder Gedanken her?

Das geht bis in die Nacht.

Wenn ich dem Körper Nahrung gebe,

so mein Geist an ihn gedacht,

gern mich hin dann lege

und nicht mehr gewacht.

Will ich jedoch den Geist verwöhnen,

will glänzen vor dem Herrn,

muss mich dann der Völlerei entwöhnen,

ein voller Bauch studiert nicht gern!

In Symbiose sollen beide leben,

es sei zum Wohle mir,

nicht nur Geist und Kunst ergeben,

nein, auch Brot und Bier.

Dank der Symbiose,
ist es klar wie nie:
wir ziehen dann das große Lose,
wenn groß die Harmonie!

Tagebuch

Mein Leben schreib ich nieder,
jeden Tag von Neuem, immer wieder.
Festgehalten werden Tage,
die vergänglich, keine Frage.
Wenn in Jahren dann ich schau zurück,
les ich vielleicht von Liebe und von Glück.
Hineinversetzt in eine andre Zeit,
wenn zu Erinnerungen ich bereit.
Erlebe meine Jugend wieder,
als damals schrieb ich alles nieder.
Der Tod kann mich nicht schrecken,
werde alte Tage neu erwecken.
Ich seh mein Leben ausgebreitet,
oh, welch Freude dies bereitet.

Auch wenn der Tod mein Leben irgendwann vertreibt,
mein Tagebuch jedoch, es bleibt!

Toleranz

Warum müssen alle denken so wie ich,
warum soll ich überzeugen?
Kann nicht jeder denken so für sich,
um so dem Kampfe vorzubeugen?

Da hört meine Freiheit auf,
wo des ander'n Recht beginnt,
nehm' and're Meinung gern in Kauf,
wenn man meine Meinung nicht bestimmt.

Bei Unterschieden hilft die Toleranz,
manchmal harmonieren nicht, wir beiden,
dann hilft nur die Ignoranz -
hilft so den Krieg vermeiden.

Verfügung

Nach vielen Jahren hab' ich mir erworben,
Geld und Macht in großen Horden.

Kannte mich gut aus in Technik,
war auch der Zahlen und des Rechnens mächtig.

Mit diesen Fähigkeiten hab' ich es geschafft -
mit kühlem Kopf viel Geld gerafft.

Nun, nach Jahren der Bemühung,
stell ich Dir alles zur Verfügung.
Deine Art mich anzulächeln,
ist Deine Art um Geld zu scheffeln.

Mein kühler Kopf ist unterlegen,
wenn sich im Herz Gefühle regen.

Ich hab' mit meinem Kopf geübt,
über den jedoch mein Herz verfügt!

Vergebens

Die Treppe muss ich ganz erklimmen,
muss jede Stufe neu bezwingen.
Einfach ist mein Aufstieg nicht,
auch in den Füßen hab' ich Gicht.

Ich kämpf mich immer weiter,
die Treppe ist wie eine Leiter.

Es ist der Aufstieg meines Lebens,
er soll nicht sein vergebens.

Wenn ich oben angelangt,
hat eine Stunde nicht gelangt.
Das Fernrohr oben ist mein Ziel,
dann kann ich unten sehen viel.

Verschollen

Verboten bist Du mir,
drum schick ich Reime Dir,
die uns verbinden sollen,
damit Du nicht verschollen.

Verständnis

Kein Urteil über andere ich fälle,
auch wenn harsches Urteil anderen gefälle.
Oft ihr Handeln ich verstehe,
wenn ich in ihre Herzen sehe.

Will schweigen mit dem Kopf gesenkt,
bin mit Verständnis reich beschenkt.
Das Wissen um der Sache Quell,
verhindert manches Urteil schnell.

Manche nie an dieser Quelle stehen,
drum werden sie auch nie verstehen.

Visionen

Wer in Visionen denkt,
oft die Geschichte lenkt.
Doch man beachte stets dabei:
Für die Zukunft braucht es zwei:
Den, der die Visionen neu entwickelt
und den, der in Details verwickelt.

Stets wird der berühmt,
der sich Visionen rühmt.
Der, der in Details verwickelt,
wird ihm oft nur vermittelt.

Wahrer Schatz

Einen Überblick man nur gewinnt,
wenn Dinge im Bewusstsein sind.
Tief liegt es in unserm Innern,
Zeit, sich daran zu erinnern.

Je größer das Bewusstsein ist bemessen,
je mehr Du daran hast besessen.
Findet gar Dein Innerstes noch Platz,
dann hast Du einen wahren Schatz!

Wahrheit oder Lüge

Wenn ich sag im Spaß: „Ich liebe Dich!“
ist das auch ernst gemeint für mich.

Die Wahrheit, das ist mein Gefühl,
auch wenn Du denkst, es ist Kalkül.

Wenn Du die Wahrheit noch nicht kennst,
dann Du vielleicht sie Lüge nennst.

Denkst Du an Lüge auch in Reinheit,
sie könnte sein die Wahrheit!

Weißt Du jetzt weder ein noch aus:
Auch Wahrheit ist in Lüge oft zuhaus!

Wer bestimmt

Wer, der über mich bestimmt?
Der meine Rechte, der mein Leben nimmt?

Alle, die mit Muskeln und mit Waffen,
Tod und Unrecht schaffen!

Auf der andern Seite, für mich opportun,
schafft still und leise der Konsum.

Nicht zu vergessen die Hormone,
denn ich kann nicht leben ohne.

Ansonsten, der bestimmt,
der im Sturm mein Herz gewinnt.

Wo ich bin

Will bleiben hier an diesem Ort,

will nicht gehen von hier fort.

Will nicht sehen fremde Türme,
die antik, verwittert durch die Stürme.

Will nicht gaffen an Fassaden
oder am Strand an Eis mich laben.

Bin sehr glücklich wo ich bin
und wo ich gehöre hin!

Zeichen

Leicht man sich vernetzt,
wenn man Zeichen setzt.
Nicht mit Sprache oder Laut,
nein, auf Zeichen ich gebaut.

Die Zeichen, ja so mächtig,
können wirken gar so kräftig.
Man wähle aus von A bis Z,

so wie man es gerne hätt'.
Je nachdem, wie man sie mischt,
bleibt es ruhig oder es zischt.

Zeichen, die die Welt beherrschen,
denn Unterschriften in Verträgen herrschen.
Nicht der Laut zählt letzten Endes,
nur das Zeichen zählt – man kennt es!

Gedruckt, so oft es uns gefällt,
verstreut in alle Welt.

Will man den Verstand erreichen,
dann setze man ein Zeichen.
Wenn man lieber auf Gefühle baut,
dann verwende man den Laut!

Zeit verschwand

In die Vergangenheit die Zeit verschwand,
die damals mich mit ihr verband.

In die Gegenwart wollt' ich sie retten,
um dort sie anzuketten.

Doch die Vergangenheit hat sie geraubt;
sie in der Zukunft ich geglaubt.

In der Zukunft wohl ich sterbe,
da die Vergangenheit ihr Erbe.

Zornes Raub

Wo bleibt das Wort, das Du gesprochen,
das tief in Dir verkrochen?
Das bewacht von Deinem Herzen,
umrahmt von Nebelkerzen?
Das Wort, das unter vielen ist verschüttet,
das aus dem Schlaf sei aufgerüttelt.

Wo bleibt das Wort, das gerne Du gesprochen,
das nach Verwesung schon gerochen?

Hat sich vor Dir versteckt, zurückgehalten;
selbst wenn Du es schreist, klingt es verhalten.
Wo ist das Wort, das Du nicht findest,
das Du vergessen hast zumindest?
Es ist abhanden Dir gekommen;
nie von Dir gesagt, nie von Dir vernommen.

Wo nur ist das Wort geblieben,
das Dein Zorn zerrieben?
Fortgeweht sein Staub,
war es Deines Zornes Raub!

Zur Erinnerung

Beim Dichten muss man vorher überlegen,
ob die Worte kommen ungelegen.
Gut seien sie vorher überdacht,
damit das Ganze einen Reim gemacht.

Wie oft ist schnell etwas gesagt,

an dem man lange danach nagt.

Wie gut, dass Töne schnell verhallen,
man sie nicht immer niederschreibt, vor allem.

Wenn man jedoch die Worte schreibt,
es zur Erinnerung dann bleibt!

Zweifel

Habe meinen Glauben selbst erfunden,
wie er nie zuvor erdacht,
kein Missionar hat sich geschunden
und ihn mir gebracht.

Lebe meinen Glauben ganz alleine,
will ihn tragen nicht hinaus,
überzeugen will ich keinen,
lebe ihn bei mir zuhaus.

Mein Glaube ist der Zweifel,

der zu recht in mir,
sowohl ein Engel und ein Teufel,
beide sind in mir.

Im Glauben ganz gefestigt,
hab' ich nicht immer recht,
Zweifel oft zu haben,
ist nur gut, nicht schlecht!

Außen

Menschen, die sind ausgerichtet nur nach Außen,
mit Tempo durch die Welt oft brausen.
Halten niemals inne,
brauchen immer Reize für die Sinne.

Lärm, Geblinke und bewegte Bilder,
alles bunter, immer wilder.

Will mehr dem Leben abgewinnen,
drum schau ich gern nach Innen!

Bedeutung

Ein junger Mensch ist wie ein leeres Blatt
und alles was man darauf schreibt,
findet neu im Kopfe statt
und vieles davon bleibt.

Wenig ist bis dann geschrieben,
alle Worte ihm im Kopfe blieben.

Nichts lenkt ab von ersten Worten,
die nur eine einzige Bedeutung horten.
Die Welt ist gar so einfach,
denn die Bedeutung ist nicht zweifach.

Je mehr man dieses Blatt beschreibt,
je mehr das erste Wort vergessen,
desto weniger vom Ursprung bleibt,
dem Wert, dem man ihm beigemessen.

Dann, in reifem Alter,

wenn das Heft beschrieben,

wird der Schmetterling zum Falter

und die Bedeutung ist verschieden.

Auf ihn gebaut

Will nicht mit Muskeln spielen,

die ich hab' im Arm,

will nach Stärkerem nun schielen,

an Kraft nicht arm.

Möcht' auch die Stimme nicht erheben,

möcht' nicht sprechen laut,

lasse meinen Geist erbeben,

hab' auf ihn gebaut.

Auf dem Boden

Mein Geist will hoch hinaus,

in unbegrenzte Höh'n,

doch mit dem Träumen ist's bald aus,

es wäre gar zu schön.

Mein Herz so schwer, ihm wurde Höhenluft verboten,

drum bleib ich hier, die Füße auf dem Boden.